JN196889

今・真宗教団に新しい風を

●温故知新・本願寺派（西）の場合

藤田徹文

探究社

はじめに

真宗各派では、宗祖親鸞聖人の七五〇回大会《だいえ》を五年前（二〇一一年）に勤修し、各派トップ（門主・門首）の継職、また継職の予定がされています。

私は、今、真宗教団に新しい風が吹かないと、将来はますます悲観的なものになると思います。後《のち》に「あの時に……」と言っても間に合いません。

一九六一年（昭和三十六年）の聖人七〇〇回大会を期に真宗各派では、それぞれ新しい動きがありました。

日本が高度経済成長に向かう時代でもありましたが、真宗各派を担う僧侶、門信徒に「このままでは親鸞聖人のみ教えは名のみ、形だけになる」という危機感がありました。

本願寺派では「全員聞法」・「全員伝道」をスローガンに、門信徒会運動が始まりました。

今の真宗各派にも危機感をもつ人が多いと思います。いくら危機意識の強い人でも、共通の思いをもつ仲間がいなければどうにもなりません。「温故知新」という言葉もあります。私は一九七七年（昭和五十二年）から一九八六年（昭和六十一年）までの九年間、本願寺派の門信徒会運動・同朋運動・（後に両運動を一本化した）基幹運動に中央で直接担当した人間です。三十数年前に、運動担当者として精一いっぱい試行錯誤したあとが本書です。

「十年一昔」と言いますから、もう大昔の寝言のようなものですが、今、真宗教団に新しい風を起こそうとする有志の「話し合い」の手がかりにでもなったらという思いだけが著者の願いです。ぜひ一読ください。

合掌

目　次

一、釈尊の説法に学ぶ

お寺でのお話、お説教というと、一方的なむつかしい話、日常の生活とかけはなれた話、わからないことがあっても黙って聞かなければならない話などの印象があるようです。

確かに、お寺ではそのような印象をもたれても仕方のないようなお話がされてきました。しかし、これが仏教本来のあり方かというと、決してそうではありません。

お釈迦さまは一方的にむつかしい話をされたわけでもありませんし、日常生活に関係のない話をされたわけでもありませんし、わからなくても黙って聞けというような話をされたのでもありません。

お釈迦さまは常に、人々の悩みに答えるという形で話されました。

一人息子に夫を殺され、自からも牢獄に閉じこめられて、嘆き、悲しむイダイケ夫人の悩みに答えて話されたお経もあります。（『観無量寿経』）

父親を殺し、母を牢獄に閉じこめたアジャセ大王は、自分のやったことに苦悩するのですが、その苦悩に答えられたお経もあります。（『涅槃経』）

また、ある時は一人子を亡くして嘆き、悲しむ母親の悲しみに答えられ、また、ある時は我ままな嫁にふりまわされて難儀している家族の悩みに答えられています。

こういうお釈迦さまのお話のあり方は、「応病与薬」といいます。すなわち、相手の病い、苦悩に応じて薬を与えるようにお話をされたのです。

それらの話は常に身近な例えをもって話されます。人間に生まれたことの大切さを話される場合も、むつかしい言葉で話されるわけでも、論理で納得させようとされたのでもありません。

ある時、弟子の阿難と川原を歩いておられた時のことです。急に足を止められたお釈迦さまは阿難に、

「阿難、すまないが足もとの砂をすくってみてくれないか」

といわれました。阿難は何のことかわからずに、言われるままに、手のひら一杯の砂をすくいあげ、

「これでいいでしょうか」

と聞きますと、お釈迦さまは、

「阿難、足もとの砂と、手のひらの砂はどちらが多いだろうか」

とたずねられました。阿難は、すかさず、

「もちろん、手のひらの砂は比べものにならないぐらい少のうございます」
と答えますと、

その通りだね、阿難。この世の中に生命あるものは沢山いる。土の中で一生過ごすものも、水の中で一生を終るものも、空を飛んで一生を送るものも、目に見えないような小さなものから、人間の何倍もあるような大きなものまで、どれほど多くの生き物がこの世にいるか、考えただけでも気が遠くなるような数だね。

その中で、人間としてこの世に生を受けたものは、どれぐらいだろう。それは丁度、足もとの砂に比べて、手のひらの砂の数ぐらいだろうね。人間に生まれたことを、もう一度本当に考えてみたいものだね。

と、お釈迦さまは順々と話されました。

阿難は何度もうなづきました。お釈迦さまは続いて、

「阿難、手のひらの砂を親指のツメの上にのるだけでいいから、のせてくれないか」と、いわれました。

阿難は言われるままに、ツメの上にわずかの砂ですが、のせますと、

「阿難、手のひらの砂と、ツメの上の砂は、どちらが多いだろうか」

と、たずねられました。

阿難は、先ほどと同じようにすかさず、

「比べものにならないぐらい、ツメの砂が少のうございます」

と、答えますと、お釈迦さまは、
その通りだね。人間に生まれた者は手のひらの砂の数ぐらいいるが、人間

に生まれたことの意味をかみしめ、人間として生きることの喜びを知っている者は、ツメの砂の数ぐらいなのだよ。

と、やさしく話されました。

阿難は、

「本当にその通りでございます。もう一度人間に生まれたことを、よく考えてみたいと思います」

と、深くうなづきました。

このように身近なことで、私たちが考えなければならない一番大切なことを話されたのです。

また、お釈迦さまはいつの場合も、お話の最後に、

「これで、私は話をおわろうと思うが、何かたづねたいことはないか」

と質問を促されました。

お釈迦さまは、このようにお話をされた方なのです。そのお釈迦さまの流れを受け継いでいるはずのお寺の話が、いつの間にか一方的な、むつかしい話、日常の生活とかけ離れた話、わからないことがあっても黙って聞かなければならない話、と仏教本来のあり方と正反対になってしまっています。

そのために多くの人たちはせっかく、すばらしい教えを目前にしながら、その教えに遇えないままで、一生を空《むな》しく終っていきます。

自からの問題を問い聞いていく場、身近な問題を通して自からの人生を考えていく場、わからないことは、わからないと尋ねることのできる場、そんな場が展開されることが、私たちにとって何より大切なことです。

そんな思いで、今、私たちは門信徒会運動にとり組んでいます。

二、親鸞聖人の生き方に学ぶ

浄土真宗のお話といいますと、「ああ、死後のお浄土参りの話か」と思われる人が多いことでしょう。

確かにそのように受けとられても仕方のない話も多くあります。

しかし、それが浄土真宗のみ教えであるかといえば、決してそうではありません。

親鸞聖人は、はるばる関東から京都まで、生命がけでたずねてきた人たちに、

「あなた方は、お浄土参りのお話が聞きたくて来られたのですね」

といわれたのではないのです。

では、どういわれたのかといいますと、

「ひとへに往生極楽のみちをとひきかんがためなり」

「ただ、ただお浄土への道を問い聞きたいためでしょう」

といわれたのです。どこが違うのかといいますと、

「お浄土参りの話」を「聞く」のではなくて、「お浄土への道」を「問い聞く」のだといわれたのです。

浄土真宗とは、「お浄土参りの話」を「聞く」宗旨ではなく、「お浄土への道」を「問い聞く」宗旨なのです。

では、「話」と「道」はどこがどう違うのでしょうか。

「話」は他人事《ひとごと》なのです。

「道」とは、今・ここに居る自身の問題なのです。

私が、この人生をどう生きるか、即ち、この人生、私はどの「道」をあゆむかということが「道」ということなのです。

私たちは毎日の生活の中で、右の道を往こうか、左の道を往を行こうか、いや一番安易なこの道を往こうかと右往左往しながら、常に自分のあゆむ道の選択をせまられています。

ある時は気まぐれに右の道を選び、ある時は周りの人の顔色を見て左の道を選び、またある時は、ただ一番無難な道を選ぶ、文字通り行き当たりばったりに、右往左往して生きているのが私たちではないでしょうか。

一体私たちは、どの道を往くのが一番いいのでしょうか。どの道を往けば真実の世界に至り届くのでしょか。どこにお浄土（極楽・無量光明土）への道があるのでしょうか。

そのことを真剣に「問い聞く」ところに、浄土真宗という教えがあるのです。

どの道を選ぶかによって人生は決ります。私たち人間にとって、一刻《いっこく》もおろそかにできないことは、この自分の道を「問い聞く」ということです。関東の人たちは、「いのち」（身命）がけで京都まで何をしに来たのかといいますと、「この人生、どの道を選べば真実の世界（浄土・極楽）に至り着くのか」ということを真剣に「問い聞く」明確な目的をもって来たのです。

親鸞聖人は、それらの人たちに、

「お釈迦さまは、こういわれていますよ。お経にはこう書いてありますよ」

と、いうような答え方はなさらなかったのです。

「親鸞におきては」（この親鸞は、こう受けとめているのです）と、自身を通して語られたのです。

偉い人がこう言われているから、こう思いなさい、というような話し方ではないのです。私はこの道をあゆむと、自己の人生を語られたのです。そして、決してこう思いなさいと、押しつけはされませんでした。

一人一人の人生ですから自分の道を選ぶのは結局自分なのです。自分の人生をよくよく考えて大切にしてください。

私はよき師法然聖人のお導きによって、念仏の道を選んだのです。この道をあゆむ私は、どのようなことになっても後悔はありません。

あなた方はあなた方で、本当に後悔のない道を選びなさい。自分の人生です。各自が判断するしかないのです。

と、いいきられたのです。何か冷たい答え方のように聞ますが、ここに本当に一人一人の人間を尊重し、大切にされる姿勢があるのです。

また、親鸞聖人は、『歎異抄』の著者である唯円房の、

「私はこの人生、念仏に生きようと決めました。人間にとって一番大切なことが決ったのですから、もっと喜んでいい筈なのに、おどりあがってよろこぶようなこころはおこりません。これはどうしたことでしょうか」

という問いに対して

「実は私もそのような疑問をもっています」

と答られて、たずねた人（唯円房）と共に考えられたのです。

「親鸞は弟子一人ももたずそうろう、みんな同じ道を歩むおなかま（御同朋）です」というのが親鸞聖人の生き方です。

こんな親鸞聖人の生き方に学び、一人ひとりが真剣に自己の「道」を「問い聞く」ことを、「全員聞法」といいます。

真実の世界に至る道を、念仏に見い出したよろこびを、一人一人が自身を通して、自身の言葉で語っていくことを、「全員伝道」といいます。

この親鸞聖人の生き方に学び、「全員聞法」「全員伝道」ということを通して、行き当たりばったりの生き方をし、たまたま順調にいくと、自分一人の力だと自身をほこり、少しつまずくと他人が悪いとあたり散らしてきた自身の体質を改め、一人でも多くの人と手をとりあってこの人生を全うしよう。

そんなことを願って行なわれているのが、門信徒会運動という運動です。

みなさんの師匠寺でも、「道」を「問い聞く」集いを、ぜひ持ってください。

三、自身の聞法・伝道を問う

偉そうなことを語れる身ではない。門信徒会運動を私自身の問題としてとり組んでから、まだ二年である。

しかし、この二年間、私は我が身に入りきらないぐらい多くのことを学び、多くの人に出会った。

それは、これまで学んできたことよりも、はるかに多い。ただ量的な問題だけではない、今までの既成概念が破壊された。

私がこの二年間に会い、直接、間接にお育てくださった人の数は、この十年間に会った人の数よりもはるかに多い。

私が学ばせてもらって一番感じていることを聞いていただいて、お育てくださった多くの人へのお礼としたい。

門信徒会運動は、わたしの体質を改めるところからはじまる。

私は、門信徒会運動を次のように学んできた。

こんなに素晴らしい親鸞聖人の教えが、どうして多くの現代人の心の灯とならないのだろうか。どうして悩み苦しむ多くの人のよりどころとならないのだろうか。ここに、門信徒会運動の起こった理由がある。

そこで考えられることは、教えの問題でなく、人の問題であるということになる。

教えに生きている筈の僧侶と門信徒に問題があるということだ。

そのことを前々門主（本願寺派二十三代勝如上人）は、「名ばかりの門徒」・

「形ばかりの僧侶」という言葉で端的に指摘された。

「名ばかりの門徒」とは「実のない門徒」ということであり、「形ばかりの僧侶」とは「内容のない僧侶」ということである。

名実共にそなわった門徒、形と内容のともなった僧侶が生れることなしには、この素晴らしい親鸞聖人の教えを生かす道はない。

では、どうすれば名実共にそなわった門徒になることができるのか、形と内容のともなった僧侶になることができるのか。

新手も妙手もない。私たちにとっては、この素晴らしい教えを問い聞き続ける以外に道はない。「聞思して遅慮することなかれ」（『教行証文類』総序）以外に、門徒が真の門徒に、僧侶が真の僧侶に蘇生《そせい》する道はない。

聞法だけならば、従来からも盛んになされてきたが聞思（法を聞き、自身を内省する）になっていなかった。ただ仏教語を覚え、仏教語を自分の都合よく聞き、自己弁護・言訳けに利用してきたに過ぎない。

確かに名のみ、形だけの聞法はなされてきたが、現在はそれも衰微《すいび》するばかりである。しかも、その聞法そのものに問題があったのである。

そのあたりからじっくりと考えなおし、やりなおしてみようというところに、門信徒会運動はある。

連研（門徒推進員養成連続研修会）も、仏教壮年会活動も、このことをふまえて行わなければならない。そうでなければ、従来の定例（常例）法座と変わりがない。

従来からの教学のあり方、聞法のあり方に問題はなかったかといっても、先輩の人たちのことをどうこういうつもりはない。

私たちはいかに教学し、いかに聞法してきたかということを問題にしているのである。他の人のことではない、私自身の上で考えてみたい。

a、私は教えを「うのみ」にしてきた

私は長い間、「本願」とはどういうことか、「名号」とはどういうことか、「信心」とはどういうことか、「称名」とはどういうことか、「他力」とはどういうことか、「悪人」とはどういうことかを、私なりに一生懸命学び、ひと通り説明できるようになった。

また人に話すために、ある程度は暗記もした。しかし、そのことによって私の生き方が変わったかといえば、全くといっていいほど変わっていない。

私は、ある程度忠実に教えられたことを復唱できるようになったが、自らの言葉で語ることは不安でできない。

学んだことによって、真宗の教義の知識はある程度蓄積されたかも知れな

いが、血肉となって、私の生きる源泉になっているようには思われない。

私は相も変わらず、他の人の態度や言葉に翻弄《ほんろう》されている。

親鸞聖人が「誠に仏恩の深重《じんじゅう》なるを念じて人倫の哢言《ろうげん》を恥ぢず」（『教行証文類』信巻別序）・「唯仏恩の深きことを念じて人倫の嘲《あざけり》を恥ぢず」（『教行証文類』後序）といわれるような力強い生き方とはほど遠い私である。

ある壮年が「浄土真宗の教えは、人間は悪人で、如来さまは真実で、真実の如来さまが悪人を救ってくださるのだと思っていれば間違いないのでしょう」と話された。

私の聞法も、この程度ではなかったろうか。ただ思っているだけで、すこしもわが身の上で審《あき》らかになっていない。「悪人」だといわれれば「悪人」と思っておれば間違いないというような安易な受けとり方。すこしも自分が「悪人」であると思っていないままで、わかったつもりになっていた。

「悪人」だといわれたとき、なぜ私は「悪人」といわれるのだろうか。どうして私が「悪人」なのかと、一歩ふみこんで自身を問うことがなかった。そういう聞法をしてきたから、教えを「うのみ」にすることはあっても、本当にかみしめることがなかったのである。もう一度、最初から親鸞聖人のいわれる「問い聞く」聞思をやりなおそう。「不審なることをも問えかし、信をとれかし」と願われているのだから。

b、私は法を死にものとして聞いていた

浄土は西方十万億土のかなた、如来さまはお内陣の中、お仏壇の扉《とびら》をしめれば如来さまとさようなら。浄土も、如来さまも固定した静的なものとしてとらえ、活躍するのは、自己の名利心ばかりであった。

だから、時に法話をさせていただいても、法を伝えることよりも、どう話せば参詣の人がよろこんで聞き「いい話をする人、偉い人だ」といってもらえるか、という名利心ばかりを活躍させてきた私であった。

南無阿弥陀仏が「大行」（大きなはたらき）であるといわれる意味、本尊が方便法身（この身の上ではたらいてくださる如来）であるということなど、一から学びなおしたい。

C、私は日常生活を置き去りにして法を聞いてきた

家庭でのいざこざ、職場での人間関係の悩み、それらのことを一時横において法を聞いている私。

現実から逃避して、気持よくなっている聴聞。語るにしても、日常生活の

ドロドロしたものは忘れて、きれいごとだけを気持よくとうとうと語り、本音をかくして、建前だけでつくろっている私。

だから、本堂と仏壇の前だけで通じる聞法・伝道になっていた。いろいろな不審や疑問はそのままにして、公式だけを学ぶような聞法・伝道。

日常生活の場では、あってもなくてもいいようなご法義にしてしまってきた。

これからは、次元が低いといわれようが、笑われようが、自分の今一番問題になっていることをひっさげて聞法し、語っていこう。

d、私は法を聞かずに「ワク」を学んできた

私は、宗門外の人たちが自由に親鸞聖人のことを書き、浄土真宗を語るの

がうらやましくてしかたがない。そんなにうらやましかったら、お前もそうすればいいではないか、と言われるかもしれない。確かにその通りだ。

しかし、できない。なぜできないかといえば、こわいからである。真宗の「ワク」からはみだすのがこわいのである。私は真宗を学んだのでなく、真宗の「ワク」を学んできたのである。

常に私の頭にあるのは、ひょっとしたら真宗ではなく、真宗の「ワク」であるのかもしれない。だから、私は学んだ真宗をどれだけ自分の言葉で、少なくとも自分自身納得のいくように語るということよりも、「ワク」からはみださないことを最優先し、気をつかってきた。

「ワク」からはみだすかもしれない自分の言葉を使うよりも、危険のない従来の仏教・真宗の専門要語ですませてきた。

如来さまは、十方衆生と喚《よ》びかけられているのである。「ワク」などある筈がない。諸仏の教えの「ワク」からはみだしてウロウロしている私たちを救おうという阿弥陀如来であった筈である。

その教えを学んでいた筈なのに、いつのまにか、真宗を「ワク」として学んでしまっている。

それも、そのようなことは宗教以前の問題と、まず宗教の「ワク」を作り、やっと宗教の中に入っても、それは仏教以前の問題だと仏教の「ワク」を作り、やっと仏教の中に入っても、それは真宗以前の問題だと「ワク」を作っている。三重の城壁の奥に、私の真宗はかくれてしまっている。

現代人は宗教的に無知であると、高見の見物をきめこんでいたのが、私ではなかったか。真宗を学ぶということが、三重の城壁の中に入りこんでしまうことであったのなら、あまりにも悲しい。

城壁をとりはらい、今までは宗教以前と切り捨てられていた問題にも、阿弥陀如来の光明は照り輝いている筈である。そこまでいって、一から聞思しなおそう。自分一人が気持のよい自己陶酔の聞法であってはならない。

私は、以上のような反省をふまえて、一から聞思しなおしたいと思っている。そのことを通して、まず私自身の体質を改めていきたい。

私の門信徒会運動は、恥ずかしいことだが、まだはじまったばかりである。

四、即如前門主（本願寺派二十四世）の『教書』に学ぶ

a、運動の歩み

門信徒会運動と同朋運動を宗門の基幹となる運動ということでこの両運動を基幹運動と言ってきましたが、後に両運動を一本化し基幹運動とよぶようになりました。

そこで、まず門信徒会運動・同朋運動の流れと問題点にふれたうえで、本

願寺二十四代即如前門主の『教書』（一九八〇年四月一日発布）と基幹運動の関わりについて考えてみたいと思います。

門信徒会運動は、親鸞聖人七百回大会《だいえ》を契機として、昭和三十七年に発足しました。今日まで、確かに表面的には多少の紆余《うよ》曲折もありましたが、一貫して強調してきたことは、「名ばかりの門徒」・「形ばかりの僧侶」から、どうしたら脱皮できるかということです。

それは、「僧侶と、門徒と、各々その務めを異にするが、ともにこれ法味愛楽《あいぎょう》の同信であり、仏恩報謝の同行である」という自覚にたって、「相携えて正法弘通に精進」する僧侶となり、門徒になるということであります。

僧侶としての私、門徒としての私が「中味のある僧侶」・「実のある門徒」に変わらないかぎり、私たちの教団は、この社会に存在する意味を失い、この世に何の貢献もできない存在となってしまうでしょう。

では、私は、教団はどう変わればいいのでしょうか。そのためには、まず、何をしなければならないのでしょうか。

「現状ではいけない、このままではいけない」と叫びながら、なんとしても「名ばかりの門徒」・「形ばかりの僧侶」から脱皮しようと悪戦苦闘してきたのが、門信徒会運動の歴史です。

最近になって、やっと「連研」・「仏教壮年会結成」という形で、突破口を見いだしかけたというのが現状です。しかし、まだ、私が、教団がどう変わればいいのか、明確にならないまま、とまどっているのが現実です。

同朋運動が基幹運動として展開されるようになったのは、一九七一（昭和四十六）年からですが、宗門が同朋（同和）問題に取り組んできた歴史は、決して短くはありません。幾多の先輩の苦労によって、宗門の行うあらゆる場において、強力に展開されてきました。そのかいあって、すこしずつではありますが、運動は浸透してきました。しかし、まだ十分とはいえません。「わたくしの地方には、同和地区がないので、同朋運動は私たちには関係ありません」というような意見が出るのが、その証拠です。

同朋運動は、私たちの内面に深く根をおろした差別を第一の問題とする運動ですから、その推進は容易ではありません。

常に運動のあり方を問いながら、前進しなくてはなりません。特に、基幹運動として十年を経過した今日の時点において、過去をふりかえり、今後のあり方を問うことが、何より必要であります。

すなわち、同朋運動が「信心の生活を基本」として展開される生活実践であるといわれながら、「信心の生活」とはいかなるものか、また「人権」とどうかかわっているのかなど、同朋運動を推進していくうえで、明確にしなければならない問題が多くあります。

門信徒会運動・同朋運動の経過と問題点は、以上のようなことです。即如前門主が、伝灯奉告法要に際し、ご一代の基本姿勢としてお示しになった『教書』は、門信徒会運動・同朋運動の今日までの経過と、今日、両運動がかかえている問題点をふまえ、今後の方向を指示してくださったものであります。ややもすると、運動を推進していくなかで、方向を逸脱しがちな私たちに。

b、宗教の課題と現代

宗教は、人間のかかえている究極的な問題、すなわち、老病死の苦悩の解決にかかわるものであります。（中略）老病死が迫っていることに気付く時、人間は、今ここに生きていることの意味を問わずにはおれません。この問題を解決しようとするところに、宗教の根本的な意義があります。

と、「宗教の意義」をあきらかにし、さらに、

人類存亡の危機にあたって、一時的な慰めではなく、真の人間性を回復する道を見出すことこそ今日の宗教の使命であります。

と、「宗教の使命」をお示しくださいます。

また、ややもすると、現実から目をそらし、教義の「ワク」の中に逃げこんで、独善におちいりやすい私たちに、どのような態度をとるべきかについて、

私たち人間は、歴史的社会的な制約の中に生きているのであり、宗教もその外に立つことはできません。

と、ビシッと釘をさした上で、現代がどのような時代で、その中で人間がどうなっているかを、

技術の進歩と経済の発展は、人間の夢を次々と実現させましたが、それにともなって人間の欲望をも限りなく増大させました。他の人びとを顧慮せぬ自己中心的な欲望の追求は、差別と不平等を生む源となっています。

と述べ、さらに、

また都市化による地域共同体の弱体化や、大組織による人間管理の強化によって、人間は自らの依るべき根拠を失いつつあります。

と指摘された上で、

私たち宗教者は、世俗的な力に迎合することなく、自らの信ずる教えを真摯に究めるとともに、同じ道を歩もうとする人びととも手を携えて努力しなければなりません。さらに、歴史と伝統をもつ他のすぐれた宗教との対話を試みることも必要と考えられます。

と、あきらかにしてくださっています。

これらのお言葉をいただく時に、基幹運動にかかわる中で、目先ばかり見て、足元を見失いがちな私たちに、もう一度、足元をしっかりとふまえてかかれよ、とご注意くださったのです。

『教書』の「前半」であきらかにしてくださった、現代と宗教の使命をふまえて、今後私たちは念仏者として、基幹運動をどのように推進していけばいいのかを、あきらかにしてくださっているのが「後半」です。

C、浄土真宗と念仏者の責務

まず、基幹運動は、私たちが「伝統的な宗教の基盤」がゆるがしている現代においても、まだ「単なる形の継承」に終始して、宗祖親鸞聖人があきらかにしてくださった念仏の「真実の精神」をくみとっていないのではないかという反省から出発しなければならないことを、確認してくださいます。

これは、私たちが「形ばかりの僧侶」、「名ばかりの門徒」になっているのではないかという、前門主（勝如上人）の指摘に通じると思います。

そこを出発点として、私は、教団はどうなればいいのか。それについて、『教書』は、私が「信心の行者」となり、教団が「開かれた宗門」にならなければという方向を、お示しくださいます。

そして、さらに、「信心の行者」の生活がいかなるものであり、「開かれた宗門」がいかにして実現するかについて、

その生活は、如来の本願を究極の依りどころと仰ぐとともに、罪悪生死の凡夫であることにめざめた、喜びと慚愧の生活であります。さらに、如来の大悲につつまれて、人間相互の信頼を確立した御同朋御同行の生活でもあります。

そこに、自分だけの殻に閉じこもらず、自分自身がつくりかえられ、人びとの苦しみに共感し、積極的に社会にかかわってゆく態度も形成されてゆくでありましょう。それが同時に、開かれた宗門のあり方でもあります。

宗門の基幹運動は、それらの目標を、人びとのふれあいの中で一つひとつ着実になしとげてゆくところに展開してゆきます。

と、あきらかにしてくださっています。

そして、基幹運動推進のために、早急にとりくまねばならないことは「全人類の課題を自らのものとして担う」ための「基礎となる教学の形成と充実」であると指摘し、さらにその教学をふまえて、広く世界にみ教えを伝えてゆかなければなりません。次代においてその中心になる宗教的情操豊かな青少年の育成も、私たちの責務であることは言うまでもありません。

と、私たちがなさねばならないことを具体的に明らかにしてくださいます。「念仏の声を世界に子や孫に」という基幹運動のスローガンは、このご門主さまのお心をいただいたものです。『教書』は、

私はここに宗祖親鸞聖人の遺弟としての自覚のもとに、閉ざされた安泰に留まることなく、新しい時代に生きる念仏者として、力強く一歩をふみ出そうと決意するものであります。

という強い決意で終わっています。この即如前門主の決意が、そのまま、全宗門人の決意でなければならないと思います。

「浄土の真宗は証道今盛なり」(『教行証文類』後序)と、堂々と胸をはっていえる日を夢みて……。

五、御同朋（われら）の社会をめざして

a、運動目標について

「同朋教団の自覚と実践」という目標をかかげて、現在、門信徒会運動・同朋運動は展開されています。

運動目標が明確に提示されたのは、一九六五（昭和四十七）年度からです。その時の目標は「同朋教団の確立と実践」ということでした。それが一九七

七（昭和五十二）年度より、現在の「同朋教団の自覚と実践」に改められました。（後に「御同朋の社会をめざして」となりました。）

「確立」を「自覚」と改めたのは、当時の本部員に深い反省があったからに違いありません。「同朋教団の確立」どころか、「同朋教団の自覚」すらないのが、わたしたちの教団の実態である。

「確立」より「自覚」が先である、ということであったのです。

「同朋教団の自覚と実践」という目標がたてられて、すでに八年目を迎えましたが、教団の実態はどうでしょうか。教団人一人ひとりに、「同朋教団の自覚」が生まれてきたかといいますと、どれほど運動を好意的に見てくださる人でも、首をかしげられることでしょう。

「同朋教団」とは何か、「同朋教団の自覚」とはどのようなことか、「同朋教団の実践」とはいかなる動きか、等とこの目標を考えると、この目標の意味するものを、広く教団を構成する一人ひとりに受けとめていただくのが困難ではないか、という強い意見。

目標は見ただけでわかるものでなければいけない。長々と説明を要するようなものでは、みんなの目標とはならないという意見。

いや、たとえむつかしくともこの目標の意味するところを徹底するのが運動であるのだから、この目標で運動をやりぬくべきであるという意見。

意味の受けとりにくい目標ではあるが、運動は一つのことをやりぬくなかで成果をあげるものであるから、このままの目標でやりぬくべきであるという意見。

目標そのもののもつ内容は軽々しく変えれないが、表現をわかりやすくしては、例えば「同朋への目覚めと行動」、「同朋教団への回帰」、「同朋教団の実現」ではどうかという意見等、議論百出です。

「同朋教団」ということについては、目標、解説のはじめに、

私たちの宗門は、宗祖親鸞聖人の「御同朋・御同行」の精神によって成立した「同朋教団」です。

と説明し、運動の趣旨解説のところでは、

全員聞法・全員伝道の教団を同朋教団といいます。それは、如来の大悲につつまれて、人間相互の信頼関係を確立した御同朋・御同行の自覚にたって生活できる教団です。

と説明されています。

しかし、これだけでは、「同朋教団」ということが充分にあきらかになっていないのではということで、運動の趣旨解説のところを、

念仏に生きる信心の行者が力を合わせて、御同朋、御同行の世界の実現をめざす集まりを同朋教団といいます。

それは、如来の大悲につつまれて、人間相互の信頼を確立し、御同朋・御同行の目ざめに立つ教団です。

と改められました。

b、私の「同朋」領解

これらをふまえて、「同朋教団」とは何かを考えてみたいと思います。このことが明確になることが、基幹運動が明確になることだからです。

結論から申しますと、「同朋教団」とは、「同朋という人間のあり方に目覚めた同行が、同朋の世界の実現を目ざして集まった宗教組織」であると、私は、理解しています。

私が、このように「同朋教団」を理解致しますのは、「私とは、どのような存在か」というところから出発する真宗理解によるものです。すこしまわりくどくなりますが、お許しください。

私が今ここに生きているのは、とうてい考えることもできないほど昔から次々と受け継がれてきた「いのち」を、親を通して恵まれたということです。

すなわち私は量《はか》ることのできない長い長い寿命の歴史の中で「いのち」を恵まれ、今ここに生きているのです。

また、私が今ここに生きているのは、多くの人やものの「はたらき」（光明）のお陰を蒙っているからです。ありとあらゆるものの「はたらき」（光明）の恩恵の中で、私は生かされているのです。

世界中の、いや、広大無碍の全宇宙のすべての人やものにささえられて、私は今、ここに生きているのです。私の生命をささえてくださる人やものの「はたらき」を、私の「いのち」をはぐくんでくださる「光明」と仰ぐとき、私の「いのち」は、文字通り、量《はか》ることのできない「光明」にはぐくまれて生きているのです。

ですから、私が今ここに生きているのは、無量寿の「いのち」を頂き、無量の「光明」にはぐくまれて生きているということにほかなりません。

私たちは、気づくと気づくまいとにかかわらず、すべて、無量寿・無量光というア（無）ミダ（量）の世界の中で生かされ生きているのです。

アミダの世界の中で、お互いにお互いの「いのち」をささえあって、私たちは生きているのです。ですから、私以外の人やものも、厳密にいえば、私の「いのち」の一部なのです。

そこには他人や、他のものはありません。すべてが私なのです。すべてが一体となって一つ如くに生きているのです。

どちらが上で、どちらが下ということでなく、それぞれが自らの「いのち」を精いっぱい生きることによって、お互いに「いのち」をささえ合っている一如平等の世界なのです。

このように、私たちは、本来、一如平等のアミダの世界に生かされて生きているのです。他人も、敵も、別人もいません。

一切の有情はみなもて世々生々の父母兄弟なり

（『歎異抄』）

という、本当に親しいつながりの中で生きているのです。

ところが、私たちは、本来、アミダと（無量寿・無量光）いう一味平等の世界の中で生かされて生きていながら、アミダの世界を見失って自分中心の小さな「我」の世界をつくり、その中にこもり、身内・他人、味方・敵、とわけへだてして生きています。

我と他、彼と此と、文字通り「我他彼此《がたぴし》」した中で生き、他と争い、彼と此を差別して他を苦しめ傷つけ、自らも苦しみ傷ついて生きています。

このように、一味平等のアミダの世界を見失い、自らの小さな「我」の世界だけがすべてのように思いあやまって、自己すら見失っているあり方が、迷いであり、無明（愚痴・無知）です。

無明の深さ、迷いの深さは、その人の殻の厚薄に比例します。

一番迷いの深い人は、自分だけよかったらという生き方をしている人です。次は、「二人のために世界はあるの」と、二人だけの世界に閉じこもり、他の一切が眼中にない人でしょう。

さらに、家族だけ、親せきだけでも手をとって……となり、郷土愛、愛国心と広がるのでしょう。自分一人だけという世界からは余程広がりましたが、まだ、他をわけへだてする垣根が残っています。

顔の色、話す言葉は違っても、同じ人間同士、一つになって生きていこうという人類愛の世界へと広がらなければなりません。

いや、人間だけが一つになったらいいということではありません。現に、私たちが生きているのは、人間だけの力ではありません。前述のように、私が今ここに生きているのは、全宇宙のすべてのもののお蔭なのです。

人間だけが仲よくし、他のものを傷つけていいというならば、それはまだ迷いの中なのです。

十方衆生（あらゆる世界の生きとし生きるもの）が一つになって生きる世界こそ、アミダの世界なのです。

アミダの世界の中に生かされ、生きていながら、アミダの世界を見失い、アミダの世界に背をむけて、無明の世界をさまよい歩き、自らの「いのち」を傷つけて呻吟している私たちを、なんとかアミダの世界に帰してやりたいと、アミダという一如平等の世界から私のところに摂取不捨と目覚めを促す「はたらき」（法）が声となり姿となって来てくださっているのが、阿弥陀如来です。

「小さな殻に閉じこもっている自《みづか》らのあり方に気づき、広いアミダの世界にめざめよ」と、私をゆさぶりに来てくださる喚《よ》び声が「南無阿弥陀仏」なのです。そして「南無阿弥陀仏」を姿にしたのが、阿弥陀如来の姿です。

この「南無阿弥陀仏」の喚び声を聞き、阿弥陀如来のお姿に遇って、アミダの世界にめざめる時、私たちは自らの小さな「我」の殻に閉じこもっている間違ったあり方に気づきます。

小さな「我」の世界に住んで、他の人を敵視したり、差別してきた自らの間違いに気づくのです。

すなわち、あいつは敵だ、仇だ、いや、あの人はどこそこの生まれだと他の人を敵視したり、差別してきたあやまりに気づくのです。

アミダの世界にめざめた時、敵だ、仇だ、あの人はといっていた人にも生かされている自分の「いのち」に目覚め（信）るのです。

敵も、仇も、差別もない、みんな私の「いのち」をささえてくださってい

る人たちであったことに目覚めるのです。

そこには敵も、仇も、差別もないのです。みんな私の「いのち」をささえ

てくださる、文字通り私の「いのち」そのものなのです。他人はいないので

す。みんなみんな私たちなのです。

c、「われら」の世界

親鸞聖人は、「われら」の言葉で、このことをあきらかにしてくださって

います。

○流転輪廻のわれらをば、弘誓のふねにのせたまふ
（『高僧和讃』）

○「十方衆生」といふは十方のよろづの衆生也、すなわちわれらなり
（『尊号真像銘文』）

○「凡夫」はすなわちわれらなり、本願力を信楽するをむねとすべしとなり
（『一念多念文意』）

○具縛といふはよろづの煩悩にしばられたるわれらなり
（『唯信鈔文意』）

○さまざまのものはみな、いし・かわら・つぶてのごとくなるわれらなり
（『唯信鈔文意』）

○釈迦如来・弥陀仏・われらが慈悲の父母にてさまざまの方便にて、われらが無上の信心をばひらきおこさせたまふ
（『親鸞聖人御消息』）

○他力の悲願はかくのごときのわれらがためなりける
（『歎異抄』）

などのお言葉が、それであります。

アミダの世界は、十方衆生の世界であり、「われら」の世界なのです。

この世界への目覚め（信心）は、そのまま、今まで敵だ、仇だと思っていたあの人も同じアミダの世界に生き、一つ「いのち」を生きる仲間であった、差別し・差別されてきた人も「われら」の一人であったとの目覚めであります。

この同じ世界で、一つの「いのち」を生きる「われら」の一人ひとりを「同朋」というのです。

アミダの世界の目覚め（信）は「同朋」の発見ということです。「同朋」とはアミダの世界の目覚めによって知らされる、本当の人間のあり方です。「同朋」とは、阿弥陀如来によって、「同朋」という人間本来のあり方、それぞれが、それぞれのもち味のありだけを発揮し、お互いにお互いの「いのち」をささえあって生きるあり方を知らされ、力をあわせて、まだ「同朋」ということに気づかずにいがみ合い、争い、差別している人たちに、「同朋」という人間本来のあり方を知ってもらおうとはたらきかける仲間です。「同朋」という人間本来のあり方を知らされた「同行」のよろこびは、「同朋の世界」をきり開こうという実践となり、この実践を報謝行といい、「同行」にとって一番大切なことなのです。

d、同朋教団

「同行」にとって一番大切な、「同朋の世界」を実現していこうという報謝行に生きるものの集まりを「同朋教団」なのです。

「同朋教団の自覚」は、私の「信心」そのものを問い直す営みです。

「同朋教団の実践」は、信心に生きるものの報謝行なのです。「同朋教団の自覚と実践」という運動目標は、私の「信心」を問い、報謝行を促すものです。

六、真宗教団の運動を考える—本願寺派の歩み—

a、教団の目的

私たちの教団（浄土真宗本願寺派）は、

親鸞聖人を宗祖と仰ぎ、門主を中心として、宗制に掲げる浄土真宗の教義、本尊及び聖教を信奉し、並びに宗風を遵奉する個人及び本山、寺院、教会その他の団体を包括し、その教義をひろめ、法要儀式を行い、僧侶、門徒その他の信者を教化育成し、他力信仰の本義の開顕に努め人類永遠の福祉（幸せ）に貢献することを目的とする。

と、「宗法」の第二条で、教団の目的をあきらかにしています。

目的を見失うとき、私たちの教団は、名と形だけのものとなります。

教団目的で特に留意しなければならないのは、「他力信仰の本義の開顕」は、そのまま「人類永遠の福祉に貢献すること」になるというところです。

「他力信仰の本義」は、私ひとりがお浄土に生れることを約束するものでなく、「人類永遠の福祉に貢献する」ものであるという視点を失うとき、「他力信仰」は、現実社会に何のかかわりもない、孤立した人間の自慰行為を弁護し、援助するだけのものになります。

「他力信仰の本義の開顕」が、どうして「人類永遠の福祉に貢献する」ことになるのか、私は次のように領解しています。

b、他力信仰の本義

「他力信仰の本義」とは、摂取不捨なる阿弥陀如来に喚《よ》びさまされて、小さな自我の殻にこもっている自らの相《すがた》を知らされる（機の深信）と共に、すべての人と共に生きる広い世界と、その広い世界から、喚びつづけていてくださる阿弥陀如来に出遇うこと（法の深信）であります。

阿弥陀如来との出遇いは、そのまま小さな自我の殻の外の人との出遇いであります。阿弥陀如来に出遇うまでの私は、自分の小さな殻の外の人を「いのち」と認識するのでなく、自分が生きるための道具として、ただの「物体」と見てきたのです。

ですから、必要があれば利用し、必要がなくなれば捨てるというような交《まじ》わりしかしてきませんでした。自分の思い通りになれば、ネコかわいがりし、思うようにならないと敵視し、抹殺しようとさえするのです。

それは、人間が人間と交《まじ》わり、接するあり方ではありません。正《まさ》しく、自分の小さな殻の外の人を道具視し、物体視してきたのです。

阿弥陀如来との出遇いは、「いのち」との出遇いです。すなわち、道具でもない、ものでもない、私の「いのち」そのものを照し、育んでいてくださる「同朋」が、そこにいたという「同朋」との出遇いです。

「他力信仰の本義の開顕」は、そのまま小さな殻に閉じこもっている私に、「同朋」という真の人間のあり方を開顕してくださるものです。

「同朋」（われら）という真の「いのち」の住む世界において、「いのち」

は、真に「いのち」としての幸福を享受することができるのです。
「他力信仰の本義」は「同朋（われら）の世界」を開顕するものであり、「同朋の世界」の開顕は、「人類永遠の福祉に貢献する」ものであります。
真に「人類永遠の福祉に貢献する」のは、「他力信仰」です。
なぜならば、いつの時代も、人間を不幸にするものは、人間を人間と真に見ることのできない人間に起因するからです。

一切の有情は皆もて世々生々の父母兄弟なり。

（『歎異抄』）

「十方衆生」といふは十方のよろづの衆生也、すなわちわれらなり。

（『尊号真像銘文』）

という人間が人間の中で、いや、人間だけにとどまらず、すべての生きとし生きるものの中で、父母兄弟（われら）の交わりを実現するとき、はじめて、「人類永遠の福祉」が達成されるのです。

「他力信仰の本義の開顕」によってあきらかにされた「同朋の世界」の実現をめざすことによって、私たちの教団は、「人類永遠の福祉に貢献する」ことができるのです。

そこで、「他力信仰の本義の開顕に努め、人類永遠の福祉に貢献する」という教団目的は、同朋教団になることによって達成しようというのが運動であります。

C、「同朋教団」への歩み

では、具体的に、私たちの教団が真に「同朋教団」になるために、どこから動きはじめればいいのでしょうか。申すまでもなく、「本願を仰いで生きられた親鸞聖人に学ぶ」ことが、私たちの行動の出発点であります。親鸞聖人への学びは、聞法、伝道を通じてなされるのであり、不合理な差別問題に積極的に取り組むことによって具体化するのです。

全員が聞法し、全員が伝道することなしに、また、社会的事実から目をそらせ、不合理な差別問題をさけて「親鸞聖人に学ぶ」ということはありません。

運動の当初は、どうしても一点突破ということで、全員聞法・全員伝道の門信徒会運動、差別問題に積極的に取り組む同朋運動という形で推進されてきましたが、運動がある程度認識され、積極的に推進する態勢がととのった段階においては、両運動が名前を別にしていることは、かえって運動を阻害するものであります。

そこで、ここ数年来、両運動の一本化ということが大きな問題として浮上してきました。

聞法・伝道は聞法・伝道、差別問題は差別問題と、わりきって考えているのならば、「信心」は「信心」、「生活」は「生活」、「往生浄土」は「往生浄土」、「この世のこと」は「この世のこと」とわりきって考えてきた従来の誤った考え方とすこしもかわりません。

それならば、

『経』(『維摩経』)に言はく、「高原の陸地には蓮華を生ぜず、卑湿の淤泥に乃ち蓮華を生ず」と。これは凡夫、煩悩の泥のなかにありて、菩薩のために開導せられて、よく仏の正覚の華を生ずるに喩ふ。

(『教行証文類』に引用)

とあるお言葉にそむくものであります。

すなわち、社会的事実に目をそむけ、不合理な差別問題をさけて、聞法・伝道がなされるならば、それは、正しく「高原の陸地」での聞法・伝道であり、決して「正覚の華(信心)を生ずる」ことはないでしょう。

「卑湿の淤泥《おでい》」である社会の中で、煩悩の泥の中で手足をとられて、うごめく人間自身が、聞法・伝道して、「蓮華(信心)は生ずる」のです。

d、改めて「聞法・伝道」を問う

今日まで聞法・伝道してきたはずなのに、念仏の声が、急速に聞こえなくなり、報謝行に生きる人が姿を消しつつある現状を、私たちはどうとらえればいいのでしょうか。

やはり、今日までの「聞法・伝道」のあり方を問い直す以外に現状を打開する道はないのです。

私たちは、今日までの聞法は、聞法という名と形だけで、本当は聞法になっていなかったのではないでしょうか。

親鸞聖人において「聞」は、「信」ということであり、「遇」ということであり、「思」ということであります。「聞法」とは、私が法に遇い（聞遇・法の深信）、愚かな自身に遇う（思遇・機の深信）ということであります。

いくら聞いても、法にも自身にも遇うことなく、信心が問題にならないのなら、それは「聞法」になっていません。

『蓮如上人御一代記聞書』に、

。御一流の義を承はりわけたるひとは有れども、聞きうる人は少なりといへり。信をうる機まれなりといへる意なり。

。聴聞心に入れ申さんと思ふ人はあり。信をとらんずると思ふ人なし。

というお言葉がありますが、「聞」は「信」ぬきには成立しないのです。

ですから、聞法とは、私はどうしたら法に遇えるのか、また自身のありのままの姿に遇えるのか、信心開発できるかという問題であります。

全員聞法とは、僧侶も、門信徒も、老いも若きも、自らがいかに法に遇い、自身（「いづれの行もおよびがたき身」）に遇うかの問題なのです。

親鸞聖人は、

本朝念仏の元祖黒谷聖人（法然）に謁し奉りて出離の要道を問答す。

（『報恩講式』）

ということによって、法然聖人より「念仏の一行」を示され、「自力の心を改めて偏《ひと》へに他力の願に乗じ」られたのです。

また、「身命を顧みずして」京都の親鸞聖人を尋ねた関東の門弟の人たちは、「ひとへに往生極楽の道を問ひ聞」くことによって、親鸞におきては「ただ念仏して弥陀にたすけられまいらすべし」とよきひと（法然聖人）の仰を被りて信ずるほかに別の子細なきなり。

（『歎異抄』）

という厳しい言葉に出遇い、自分たちの生きる道が、「ただ念仏して弥陀にたすけられ」る以外にないことを信知したのです。

それは、話を聞いている時だけの「最下の凡夫」・「平等の大悲」というようなよろこびではなく、真に、自身のあぶなっかしいあり方を知らされ、摂取不捨なる阿弥陀如来の大悲に遇ったもののよろこびであります。

おそまつな私、何をしても「我」を強める私、そんな私がこのままお救いというような、横着者に都合のいい、安易な教えではありません。

おそまつなのも確か、何をしても「我」を強めるのも本当でしょうが、摂取不捨なる阿弥陀如来にささえられ、抱かれて、おそまつはおそまつのまま、自分は自分のありのままで、精いっぱい生きようと立ちあがっていくなかに、確かな阿弥陀如来に遇ったものの生き様《ざま》があるのです。

「聞法」とは、自らが、自身の都合のいいことを聞いてよろこぶことでなく、法に自らの小さな殻を打ち破ってもらって立ちあがっていくことです。小さな殻のすき間から外を見て、他の人を批判したり、中傷したり、差別するようなあり方から、御同朋と共に生きる「われらの世界」を生きる身となることです。

「伝道」とは、「御同朋の世界」に生きる身に仕上げられたことを自分ひとりのよろこびにするのでなく、よろこびを身をもって一人でも多くの人に弘めていくことです。

「聞く所を慶び、獲る所を嘆ずる」(『教行証文類』総序)行動こそ、伝道であります。阿弥陀如来の本願に喚びさまされ真実に目覚め（信）、同朋と出遇ったよろこびを慶嘆していくことが「伝道」です。

僧侶も門信徒も、老いも若きも、本願に遇い、同朋と共に生きるよろこびを、この身で、この口で、この意で伝えていく以外に「伝道」はありません。

我と他、彼と此と、わけへだてしたり、差別し、差別される世界の中で苦しんできた私たちが、差別のない「同朋の世界」に生きるよろこびを、一人でも多くの人に味わってもらいたいというところに「伝道」があるのです。

社会的事実にかかわり、不合理な差別問題を見すえて、自らのあり方を法に問い、法に聞く「聞法」、「同朋の世界」を生きる身にしあげられたよろこびを積極的に弘めていく「伝道」がなされてこそ、教団は「同朋教団」となり、「人類永遠の福祉に貢献する」ことができるのです。

あとがき

真宗教団に対する危機感、真宗教団に新しい風が吹くことによって、親鸞聖人の教えが、苦悩多き現代人の強力な「すくい」になることを希求する思いで、出版を引受けてくださった探究社に何より多謝するばかりです。

㈠、釈尊の説法に学ぶ、㈡、親鸞聖人の生き方に学ぶは、ラジオ放送「西本願寺の時間」で話したものが元です。

㈢から㈥までは、門信徒会運動本部事務室長・同朋運動本部事務室長として、本願寺派機関紙『宗報』に掲載したものが元です。

その後両運動を一本化し、基幹運動本部事務室部長を務め、運動から身を引きましたが、真宗教団、親鸞聖人への念《おもい》は強くなるばかりです。

六十半で大病し悲しいことに身が思うように動きません。
自分の思いだけを通したいという老の一徹、さぞご迷惑でしたでしょうが、最後まで目を通して頂きましたことを心より御礼申し上げます。

藤田徹文

二〇一六年十一月

著者紹介
藤田　徹文（ふじた　てつぶん）
1941年大阪市に生まれる。龍谷大学大学院（真宗学専攻）修了。
基幹運動本部事務室部長、教学本部伝道院部長・主任講師を経て、
現在、備後教区光徳寺前住職。本願寺派布教使。
著書に『人となれ仏となれ―四十八の願い―全七巻』『仏さまのお話―少年・少女のための仏教読本―」（永田文昌堂）、『わたしの信心』『念仏ひとつ』『生まれた時も死ぬ時も』『聞光力』『現世利益』『往生極楽』（探究社）、「やさしい正信偈講座」『シリーズ「生きる」全六巻』『はじめて仏教を聞く人のための十三章』（本願寺出版）、『正信偈の学び方』（教育新潮社）、『わたしの浄土真宗』（法蔵館）ほか多数。

今・真宗教団に新しい風を

2017年2月10日　発行
2017年2月20日　発行

著　者　藤田徹文
発行者　西村裕樹
発行所　株式会社探究社
〒600-8268　京都市下京区七条通大宮東入大工町124-1
電話 075-343-4121　振替 01030-6-21185

印刷・製本　亜細亜印刷株式会社

ISBN978-4-88483-983-3　C0015

乱丁･落丁の場合はお取り替え致します。